Impressum
Verlag: BABADADA GmbH, Nedderfeld 112 , 22529 Hamburg
Geschäftsführer / Verlagsleitung: Harald Hof
Druck: Books on Demand GmbH, In de Tarpen 42, 22848 Norderstedt

Imprint
Publisher: BABADADA GmbH, Nedderfeld 112 , 22529 Hamburg, Germany
Managing Director / Publishing direction: Harald Hof
Print: Books on Demand GmbH, In de Tarpen 42, 22848 Norderstedt, Germany

учиона
klasė

делити
dalinti

186/2

школско двориште
mokyklos kiemas

плоча
lenta

наставник
mokytojas

папир
popierius

писати
rašyti

хемијска оловка
rašiklis

писаћи сто
rašomasis stalas

лењир
liniuotė

књига
knyga

ученик
mokinys

торба

kuprinė

перница

penalas

графитна оловка

pieštukas

шиљило за оловке

drožtukas

гумица за брисање

trintukas

блок за цртање

piešimo bloknotas

цртеж

piešinys

кист

teptukas

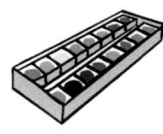

кутија са бојама

dažų dėžutė

маказе

žirklės

лепило

klijai

бележница

vadovėlis

домаћи задатак

namų darbai

број

numeris

сабирати

pridėti

одузимати

atimti

множити

dauginti

рачунати

skaičiuoti

слово

raidė

абецеда

abėcėlė

реч

žodis

текст

tekstas

читати

skaityti

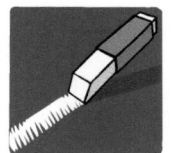

креда

kreida

час

pamoka

дневник

dienynas

испит

egzaminas

сведочанство

pažymėjimas

школска униформа

mokyklinė uniforma

образовање

išsilavinimas

лексикон

enciklopedija

универзитет

universitetas

микроскоп

mikroskopas

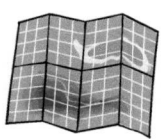

карта

žemėlapis

кошара за папир

šiukšliadėžė

путовање
kelionė

хотел
viešbutis
Grand
преноћиште
svečių namai
ROOMS
мењачница
valiutos keitykla
кофер
lagaminas
ауто
mašina

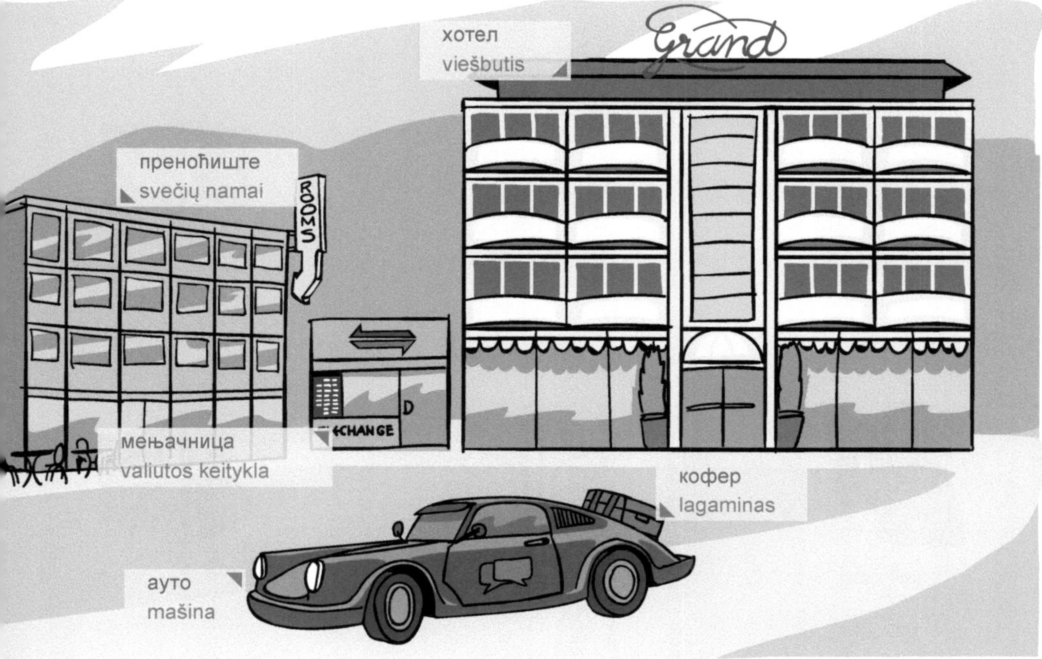

језик

kalba

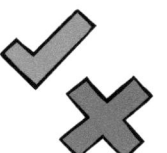

да / не

taip / ne

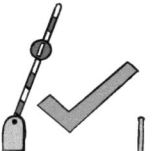

океј

Gerai

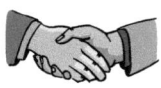

здраво

sveiki

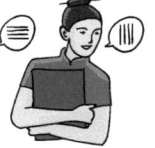

преводилац

vertėjas raštu

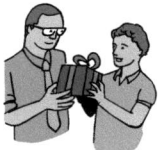

хвала

Ačiū

Колико кошта...?

kiek kainuoja...?

не разумем

aš nesuprantu

проблем

problema

добро вече!

Labas vakaras!

Добро јутро!

Labas rytas!

Лаку ноћ!

Labos nakties!

довиђења

viso gero

смер

kryptis

пртљага

bagažas

торба

krepšys

руксак

kuprinė

гост

svečias

соба

kambarys

врећа за спавање

miegmaišis

шатор

palapinė

уристичке информације

turizmo informacija

плажа

paplūdimys

кредитна картица

kreditinė kortelė

доручак

pusryčiai

ручак

pietūs

вечера

vakarienė

карта за вожњу

bilietas

лифт

liftas

поштанска маркица

pašto ženklas

граница

siena

царина

muitinė

амбасада

ambasada

виза

viza

пасош

pasas

транспорт

transportas

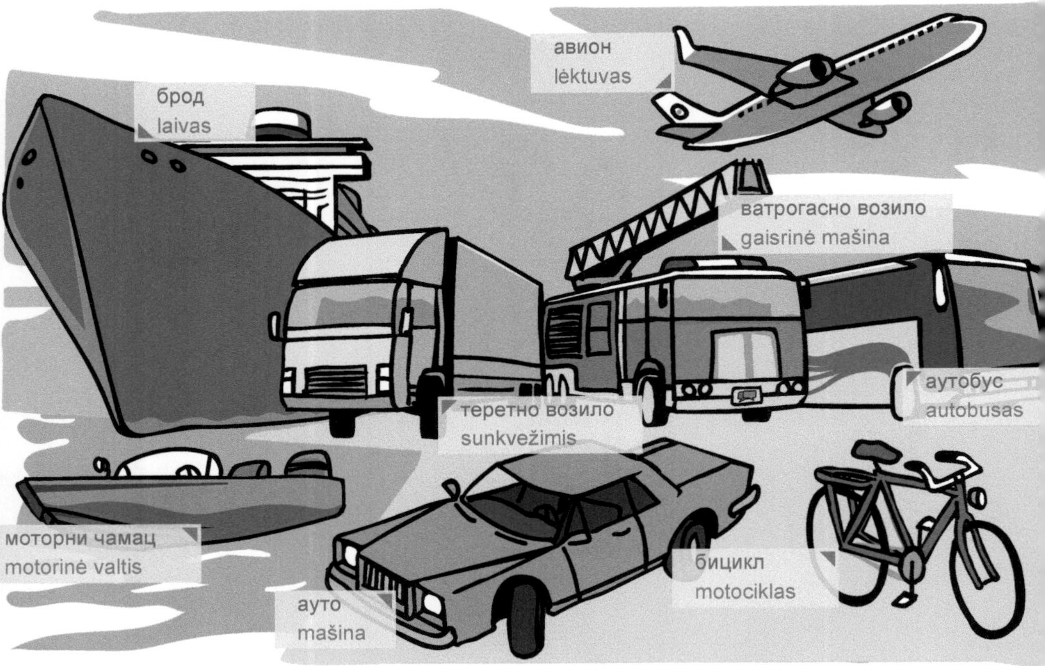
авион
lėktuvas
брод
laivas
ватрогасно возило
gaisrinė mašina
аутобус
autobusas
теретно возило
sunkvežimis
моторни чамац
motorinė valtis
бицикл
motociklas
ауто
mašina

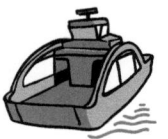

трајект

keltas

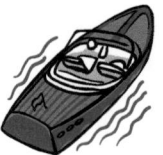

чамац

valtis

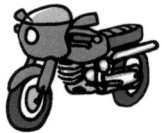

мотоцикл

mopedas

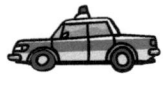

полицијски ауто

policijos automobilis

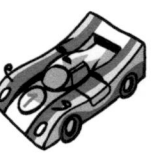

тркаћи ауто

lenktyninis automobilis

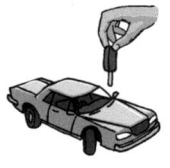

изнајмљено ауто

nuomojamas automobilis

дељење аутомобила
·················
bendras automobilio
naudojimas

вучно возило
·················
techninės pagalbos
automobilis

возило за одвоз смећа
·················
šiukšliavežė

мотор
·················
variklis

бензин
·················
degalai

бензинска станица
·················
degalinė

саобраћајни знак
·················
kelio ženklas

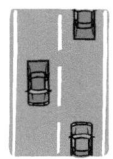

саобраћај
·················
eismas

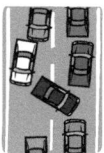

застој
·················
eismo spūstis

паркиралиште
·················
mašinų stovėjimo aikštelė

железничка станица
·················
traukinių stotis

шине
·················
bėgiai

воз
·················
traukinys

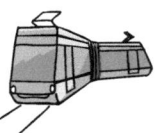

трамвај
·················
tramvajus

вагон
·················
vagonas

хеликоптер

sraigtasparnis

аеродром

oro uostas

кула

bokštas

путник

keleivis

контејнер

konteineris

картон

dėžė

колица

vežimėlis

корпа

krepšys

узлетети / слетети

pakilti / nusileisti

град

miestas

село

kaimas

центар града

miesto centras

кућа

namas

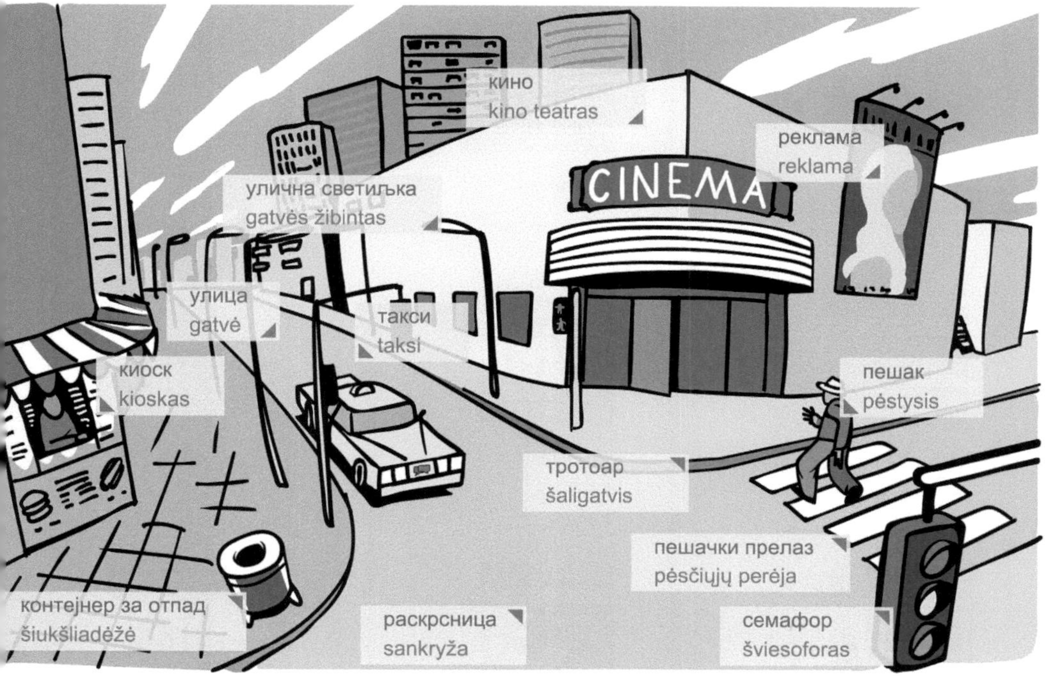
кино
kino teatras
CINEMA
реклама
reklama
улична светиљка
gatvės žibintas
улица
gatvė
такси
taksi
киоск
kioskas
пешак
pėstysis
тротоар
šaligatvis
пешачки прелаз
pėsčiųjų perėja
контејнер за отпад
šiukšliadėžė
раскрсница
sankryža
семафор
šviesoforas

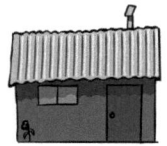

колиба

trobelė

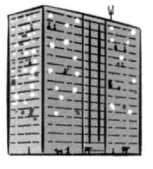

стан

butas

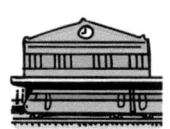

железничка станица

traukinių stotis

већница

rotušė

MUSEUM

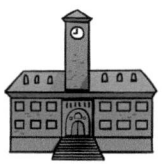

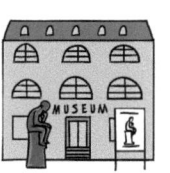

музеј

muziejus

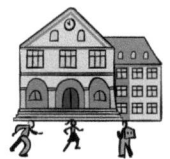

школа

mokykla

универзитет
universitetas

банка
bankas

болница
ligoninė

хотел
viešbutis

апотека
vaistinė

канцеларија
biuras

књижара
knygynas

продавница
parduotuvė

цвећара
gėlių parduotuvė

супермаркет
prekybos centras

трг
turgus

робна кућа
universalinė parduotuvė

рибарница
žuvies parduotuvė

трговачки центар
prekybos centras

лука
uostas

парк

parkas

клупа

suoliukas

мост

tiltas

степенице

laiptai

подземна железница

metro

тунел

tunelis

аутобуска станица

autobusų stotelė

бар

baras

ресторан

restoranas

поштанско сандуче

lauko pašto dėžutė

улични знак

kelio ženklas

паркирни аутомат

parkomatas

зоолошки врт

zoologijos sodas

базен

baseinas

џамија

mečetė

сеоско газдинство

ūkininko ūkis

загађење околине

tarša

гробље

kapinės

црква

bažnyčia

игралиште

žaidimų aikštelė

храм

šventykla

пејсаж
kraštovaizdis

лист
lapas

путоказ
kelio rodyklė

пут
kelias

ливада
pieva

камен
akmuo

шетач
ėjikas

дрво
medis

река
upė

трава
žolė

цвет
gėlė

долина

slėnis

планина

kalva

језеро

ežeras

шума

miškas

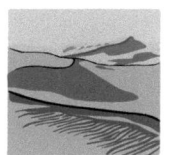

пустиња

dykuma

вулкан

ugnikalnis

дворац

pilis

дуга

vaivorykštė

гљива

grybas

палма

palmė

москито

uodas

мува

musė

мрав

skruzdėlė

пчела

bitė

паук

voras

буба

vabalas

жаба

varlė

веверица

voverė

jеж

ežys

зец

kiškis

сова

pelėda

птица

paukštis

лабуд

gulbė

дивља свиња

šernas

jелен

elnias

лос

briedis

насип

užtvanka

ветрењача

vėjo jėgainė

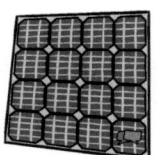

соларна плоча

saulės baterija

клима

klimatas

пејсаж - kraštovaizdis

ресторан

restoranas

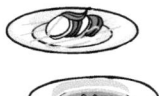

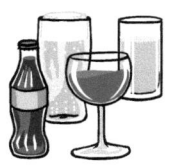

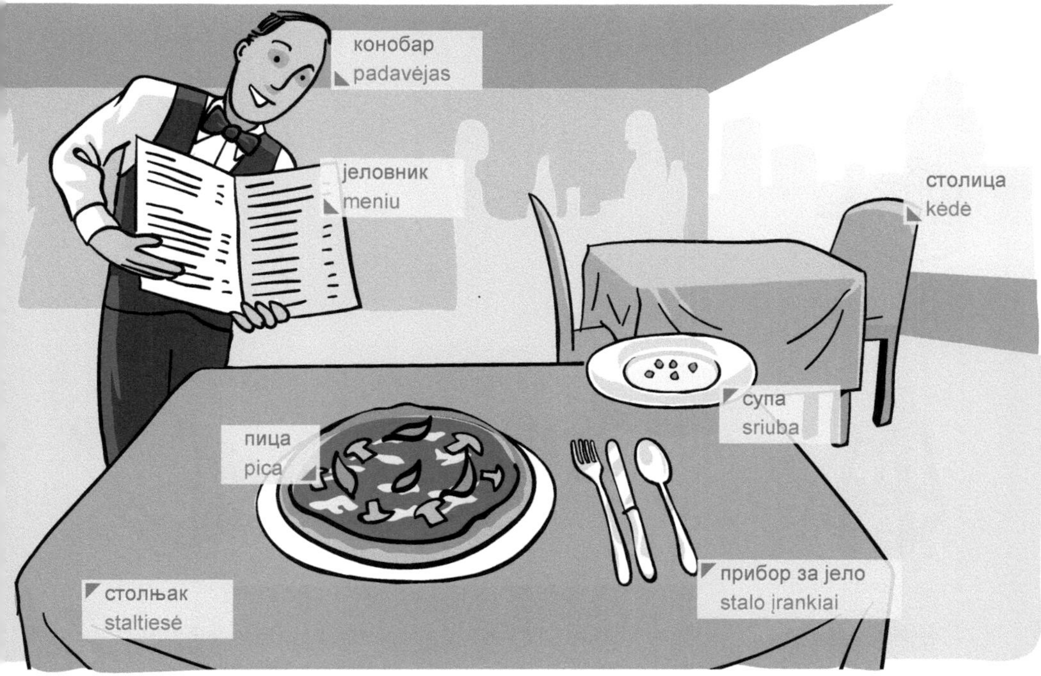
конобар
padavėjas
јеловник
meniu
столица
kėdė
супа
sriuba
пица
pica
прибор за јело
stalo įrankiai
столњак
staltiesė

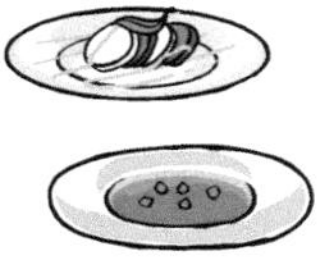

предјело

užkandis

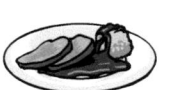

главно јело

pagrindinis patiekalas

десерт

desertas

напитци

gėrimai

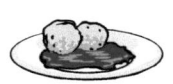

јело

maistas

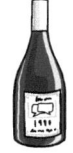

флаша

butelis

брза храна

greitai pateikiamas maistas

имбис храна

gatvės maistas

чајник

arbatinukas

доза за шећер

cukrinė

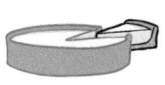

порција

porcija

апарат за еспресо

espreso aparatas

висока столица

aukšta kėdė

рачун

sąskaita

послужавник

padėklas

нож

peilis

виљушка

šakutė

кашика

šaukštas

чајна кашика

arbatinis šaukštelis

салвета

servetėlė

чаша

stiklinė

ресторан - restoranas

тањир

lėkštė

тањир за супу

sriubos lėkštė

тањирић

padėklas

сос

padažas

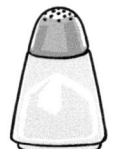

сољенка

druskinė

млин за бибер

pipirų malūnėlis

сирће

actas

уље

aliejus

зачини

prieskoniai

кечап

kečupas

сенф

garstyčios

мајонеза

majonezas

супермаркет

prekybos centras

понуда
specialus pasiūlymas
FOR
купац
pirkėjas
млечни производи
pieno produktai
воће
vaisiai
колица за куповину
troleibusas

BUTCHERS

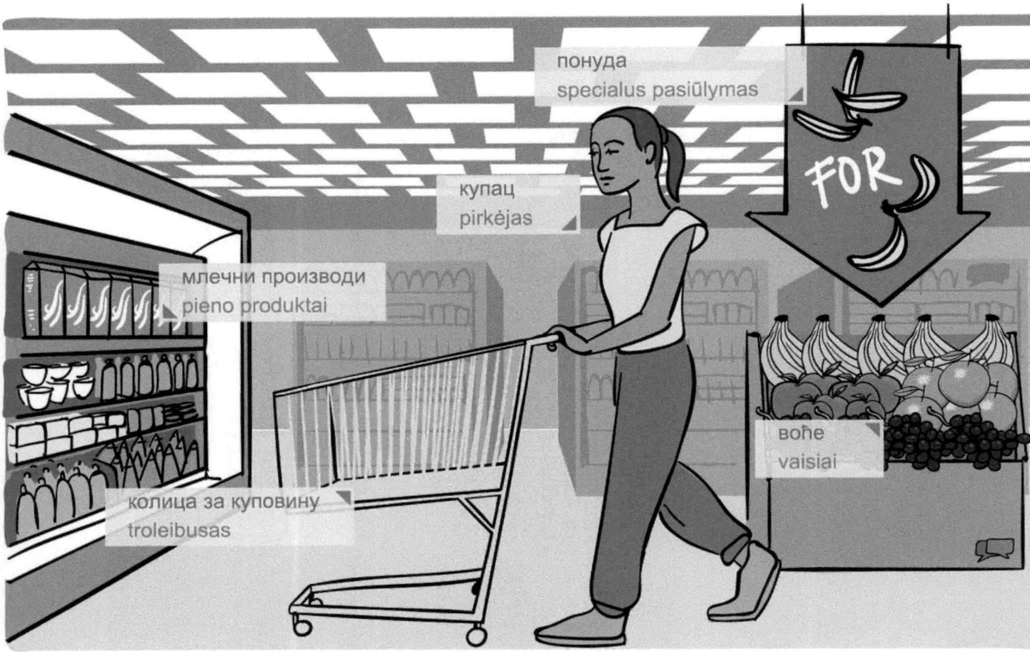

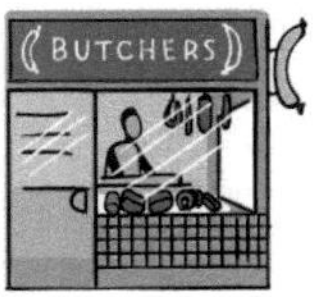

месница

mėsos parduotuvė

BAKERY

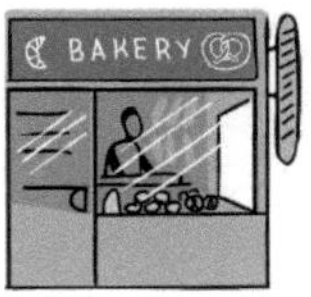

пекара

kepykla

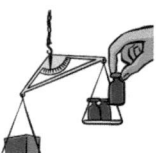

вагати

sverti

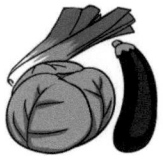

поврће

daržovės

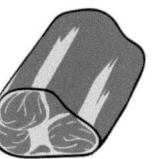

месо

mėsa

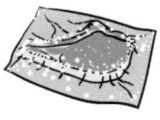

смрзнута храна

šaldytas maistas

нарезак
....
šalti mėsos užkandžiai

конзерве
....
konservai

средство за прање
....
skalbimo milteliai

слаткиши
....
saldumynai

артикли за домаћинство
....
ūkinės prekės

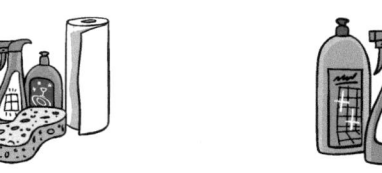

средства за чишћење
....
valymo priemonės

продавачица
....
pardavėja

благајна
....
kasos aparatas

благајник
....
kasininkas

листа за куповину
....
pirkinių sąrašas

време рада
....
darbo valandos

новчаник
....
piniginė

кредитна картица
....
kreditinė kortelė

торба
....
maišelis

пластична кеса
....
plastikinis maišelis

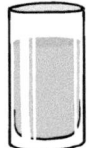

вода

vanduo

сок

sultys

млеко

pienas

кола

kola

вино

vynas

пиво

alus

алкохол

alkoholis

какао

kakava

чај

arbata

кава

kava

еспресо

espresas

капућино

kapučinas

банана

bananas

јабука

obuolys

наранџа

apelsinas

лубеница

arbūzas

лимун

citrina

шаргарепа

morka

бели лук

česnakas

бамбус

bambukas

лук

svogūnas

гљива

grybas

орашасти плодови

riešutai

резанци

makaronai

шпагете

spagečiai

рижа

ryžiai

салата

salotos

помфрит

traškučiai

печени крумпир

keptos bulvės

пица

pica

хамбургер

mėsainis

сендвич

sumuštinis

шницла

pjausnys

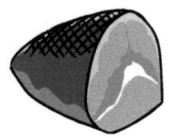

шунка

kumpis

салама

saliamis

кобасица

dešrelė

кокош

vištiena

печење

kepsnys

риба

žuvis

зобене пахуљице

avižų dribsniai

мусли

dribsniai su priedais

кукурузне пахуљице

kukurūzų dribsniai

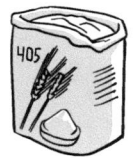

брашно

miltai

кроасан

prancūziškasis ragelis

пециво

bandelė

хлеб

duona

тоаст

skrebutis

кекси

sausainiai

маслац

sviestas

свежи сир

varškė

колач

tortas

jaje

kiaušinis

jaje на око

kiaušinienė

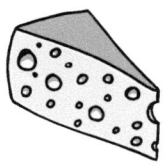

сир

sūris

сладолед

ledai

шећер

cukrus

мед

medus

мармелада

uogienė

нугат крема

tepamas šokoladas

кари

karis

сеоско газдинство

ūkininko ūkis

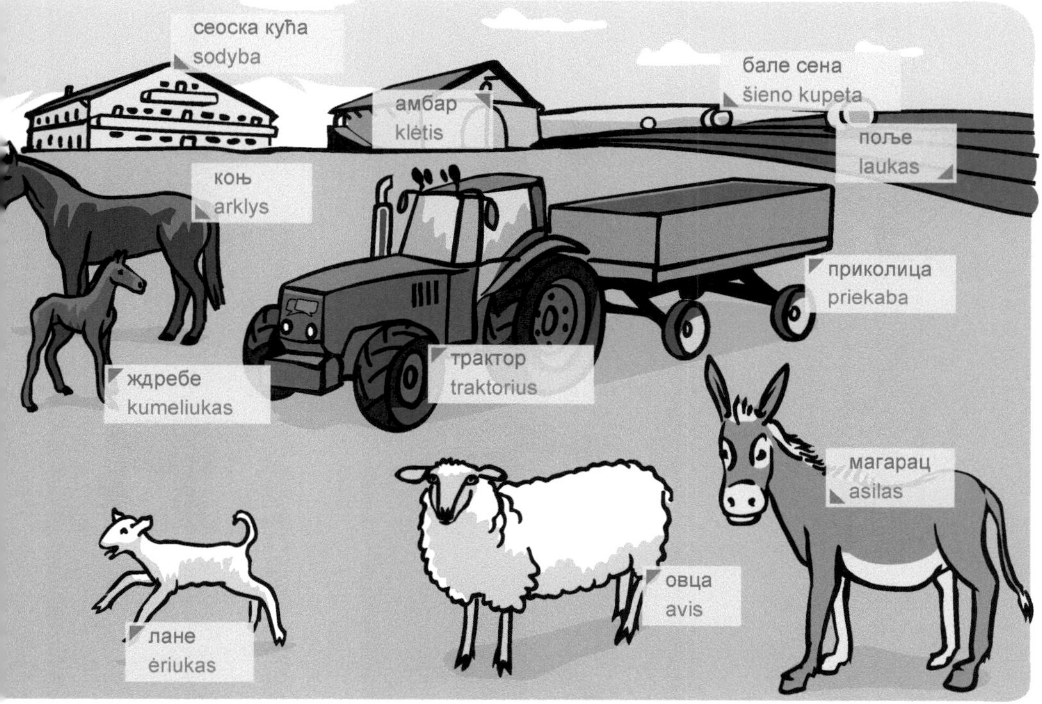

сеоска кућа
sodyba
амбар
klėtis
бале сена
šieno kupeta
поље
laukas
коњ
arklys
приколица
priekaba
трактор
traktorius
ждребе
kumeliukas
магарац
asilas
овца
avis
лане
ėriukas

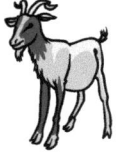

коза

ožys

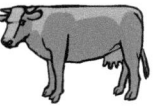

крава

karvė

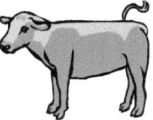

теле

veršis

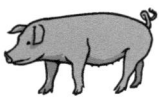

свиња

kiaulė

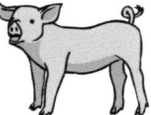

прасе

paršelis

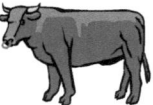

бик

bulius

гуска

žąsis

патка

antis

пилићи

viščiukas

кокош

višta

петао

gaidys

пацов

žiurkė

мачка

katė

миш

pelė

вол

jautis

пас

šuo

кућица за пса

šuns būda

вртно црево

sodo namas

канта за поливање

laistytuvas

коса

dalgis

плуг

plūgas

срп
....
pjautuvas

мотика
....
kauptukas

виљушка за ђубриво
....
šakės

секира
....
kirvis

тачке
....
statinė

корито
....
lovys

посуда за млеко
....
bidonas

врећа
....
maišas

ограда
....
tvora

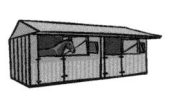

штала
....
arklidė

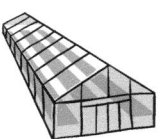

стакленик
....
šiltnamis

земља
....
dirva

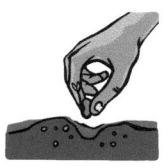

семе
....
sėkla

ђубриво
....
trąšos

комбајн
....
kombainas

жети
....
rinkti

жетва
....
derlius

јамс зачин
....
saldžiosios bulvės

пшеница
....
kviečiai

соја
....
soja

крумпир
....
bulvė

кукуруз
....
kukurūzai

уљана репица
....
rapsai

воћка
....
vaismedis

гомољ маниоке
....
manijokas

житарице
....
grūdai

кућа

namas

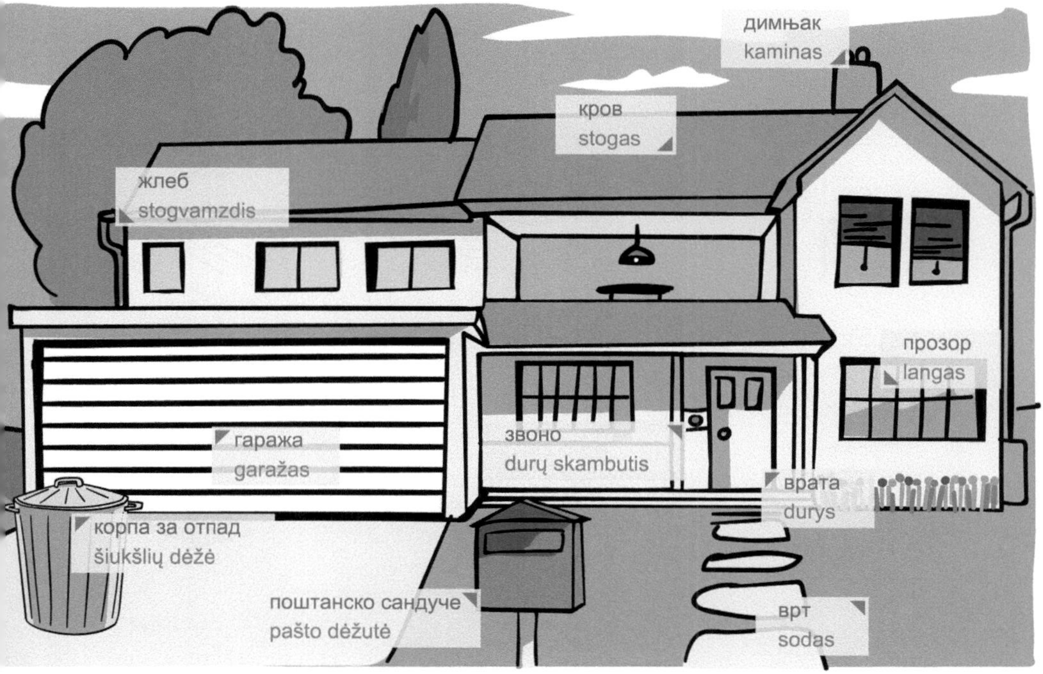

димњак
kaminas
кров
stogas
жлеб
stogvamzdis
прозор
langas
гаража
garažas
звоно
durų skambutis
врата
durys
корпа за отпад
šiukšlių dėžė
поштанско сандуче
pašto dėžutė
врт
sodas

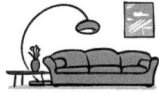

дневна соба

svetainė

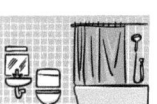

купаоница

vonios kambarys

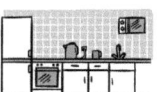

кухиња

virtuvė

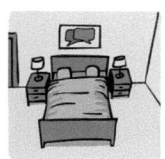

спаваћа соба

miegamasis

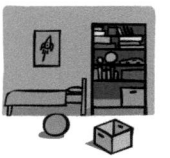

дечија соба

vaiko kambarys

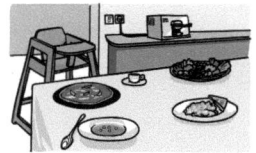

трпезарија

valgomasis

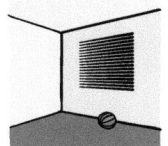

под

grindys

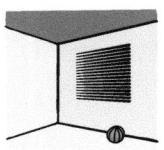

зид

siena

строп

lubos

подрум

rūsys

сауна

sauna

балкон

balkonas

тераса

terasa

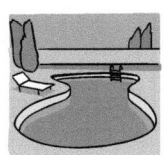

базен

baseinas

косилица за траву

žoliapjovė

постељина за кревет

paklodė

дека за кревет

lovatiesė

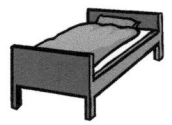

кревет

lova

метла

šluota

канта

kibiras

прекидач

jungiklis

дневна соба

svetainė

тапета
tapetai
слика
nuotrauka
светиљка
šviestuvas
регал
lentyna
ормар
spintelė
телевизија
televizorius
камин
židinys
цвет
gėlė
јастук
pagalvėlė
кауч
sofa
ваза
vaza
даљински управљач
nuotolinio valdymo pultelis

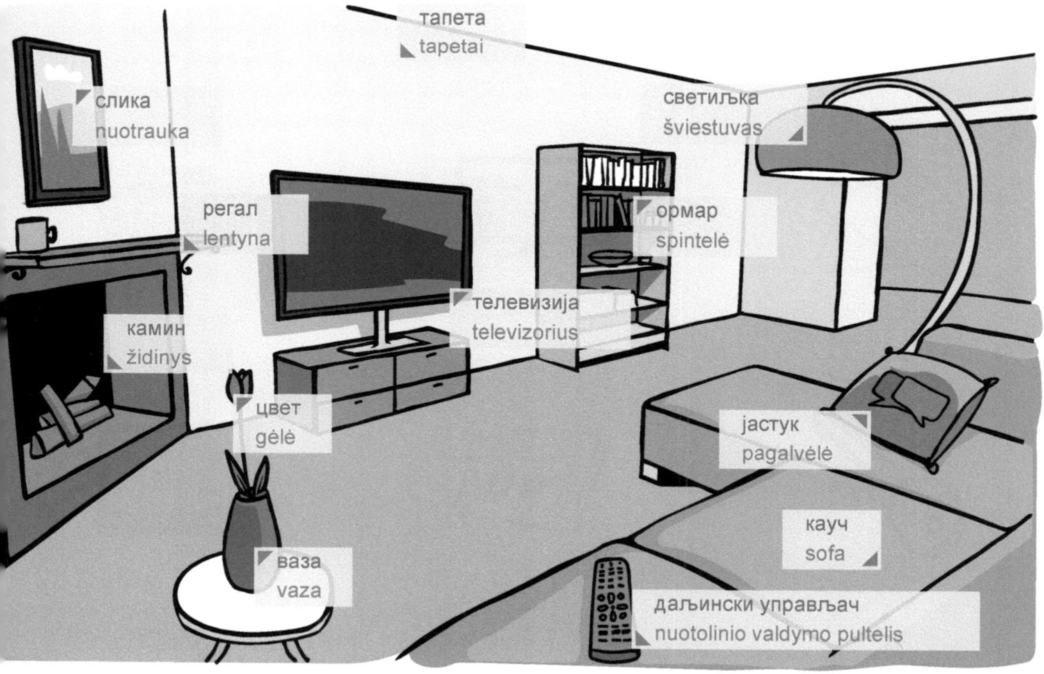

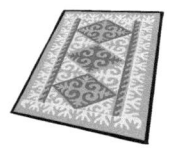

тепих

kilimas

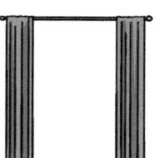

завеса

užuolaida

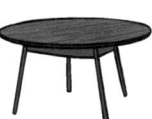

сто

stalas

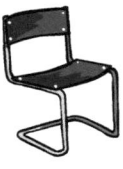

столица

kėdė

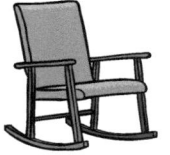

столица за њихање

supamasis krėslas

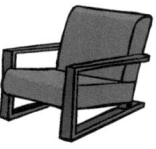

фотеља

fotelis

књига
knyga

дека
antklodė

декорација
papuošimai

дрво за огрев
malkos

филм
filmas

хи-фи уређај
stereo aparatūra

кључ
raktas

новине
laikraštis

слика на платну
paveikslas

постер
plakatas

радио
radijas

блок за писање
užrašų knygelė

усисивач
dulkių siurblys

кактус
kaktusas

свећа
žvakė

кухиња
virtuvė

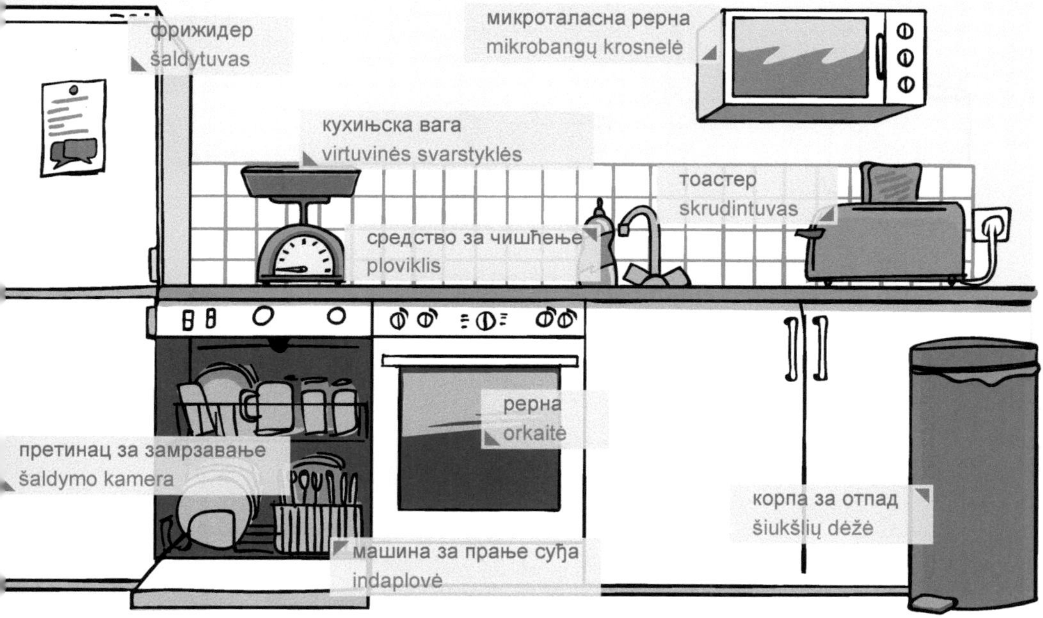
фрижидер
šaldytuvas
микроталасна рерна
mikrobangų krosnelė
кухињска вага
virtuvinės svarstyklės
тоастер
skrudintuvas
средство за чишћење
ploviklis
рерна
orkaitė
претинац за замрзавање
šaldymo kamera
корпа за отпад
šiukšlių dėžė
машина за прање суђа
indaplovė

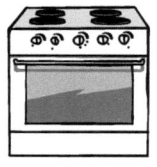

шпорет
viryklė

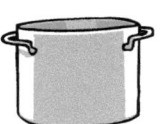

лонац
puodas

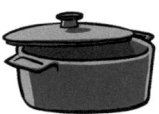

гвоздени лонац
ketaus puodas

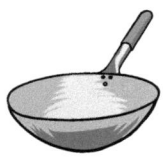

вок / кадаи
„wok“ keptuvė

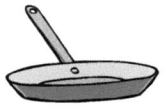

тава
keptuvė

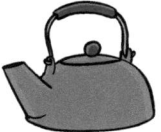

кувало за воду
virdulys

кувало на пару

garų puodas

лим за печење

kepimo skarda

посуђе

porceliano indai

чаша

puodelis

посуда

dubuo

штапићи за јело

valgomosios lazdelės

кутлача

samtis

лопатица

mentelė

пењача

plaktuvas

сито за кување

koštuvas

сито

sietas

рибеж

trintuvė

мужар

grūstuvė

роштиљ

kepsninė

огњиште

atvira liepsna

даска

pjaustymo lentelė

оклагија

kočėlas

вадичеп

kamščiatraukis

конзерва

skardinė

отварач конзерви

skardinių atidarytuvas

крпа за лонац

puodkėlė

судопер

kriauklė

четка

šepetys

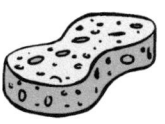

сунђер

kempinė

миксер

trintuvas

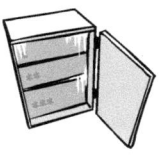

замрзивач

šaldiklis

флашица за бебе

kūdikių buteliukas

славина за воду

čiaupas

купаоница
vonios kambarys

грејање
šildymas
туш
dušas
пешкир
rankšluostis
завеса за туш
dušo užuolaidos
пенушава купка
vonios putos
када
vonia
чаша
stiklinė
машина за прање веша
skalbimo mašina
славина за воду
čiaupas
плочице
plytelės
тута
naktinis puodukas
судопер
kriauklė

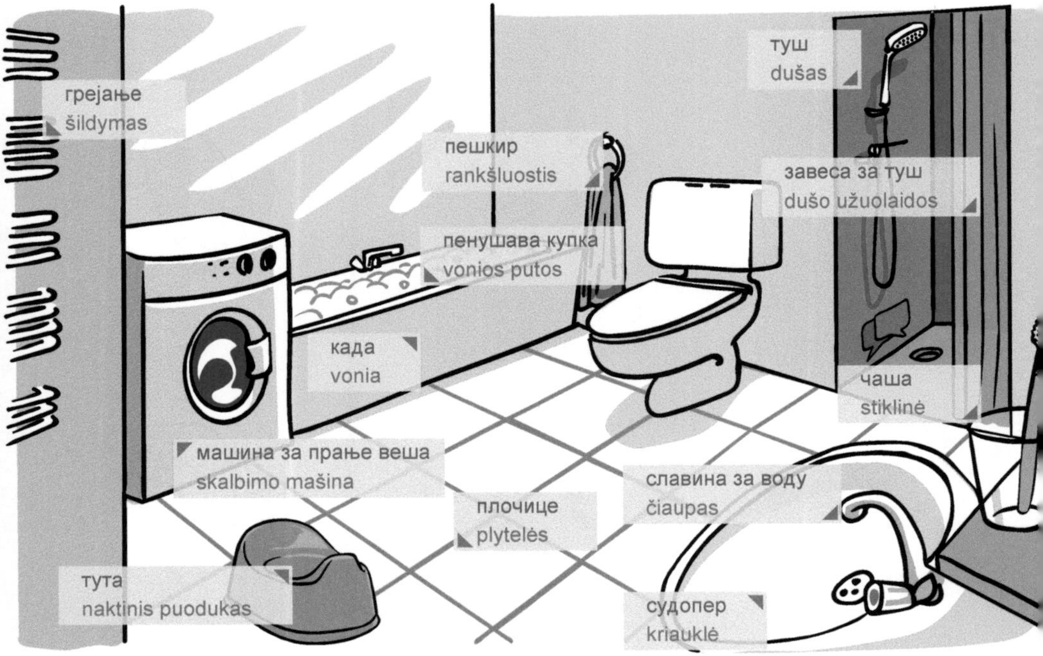

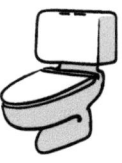

тоалет
unitazas

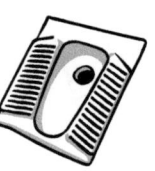

чучавац
tupimasis unitazas

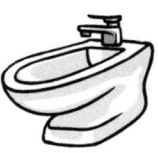

бидет
bidė

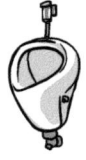

писоар
pisuaras

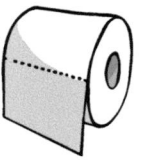

тоалетни папир
tualetinis popierius

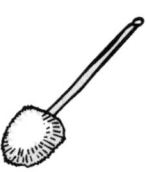

четка за тоалет
unitazo šepetys

четкица за зубе

dantų šepetėlis

паста за зубе

dantų pasta

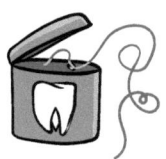

конац за зубе

dantų siūlas

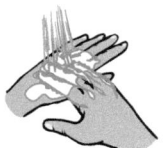

прати

plauti

туш ручица

dušo galvutė

туш за прање интимних делова

higieninis dušas

лавор

praustuvas

четка за прање леђа

nugaros plaušinė

сапун

muilas

гел за тушcrape

dušo želė

шампон

šampūnas

крпа за прање

plaušinė

одвод

kanalizacija

крема

kremas

дезодоранс

dezodorantas

огледало

veidrodis

козметичко огледало

veidrodėlis

бријач

skustuvas

пена за бријање

skutimosi putos

лосион за после бријања

losjonas po skutimosi

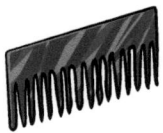

чешаљ

šukos

четка

šepetys

фен за косу

plaukų džiovintuvas

спреј за косу

plaukų lakas

шминка

makiažas

руж за усне

lūpdažis

лак за нокте

nagų lakas

вата

vata

маказе за нокте

žirklutės nagams

парфем

kvepalai

козметичка торбица

maišelis skalbiniams

столица

taburetė

вага

svarstyklės

огртач

chalatas

рукавице за чишћење

guminės pirštinės

тампон

tamponas

уложак

higieninis įklotas

хемијски тоалет

biotualetas

дечија соба

vaiko kambarys

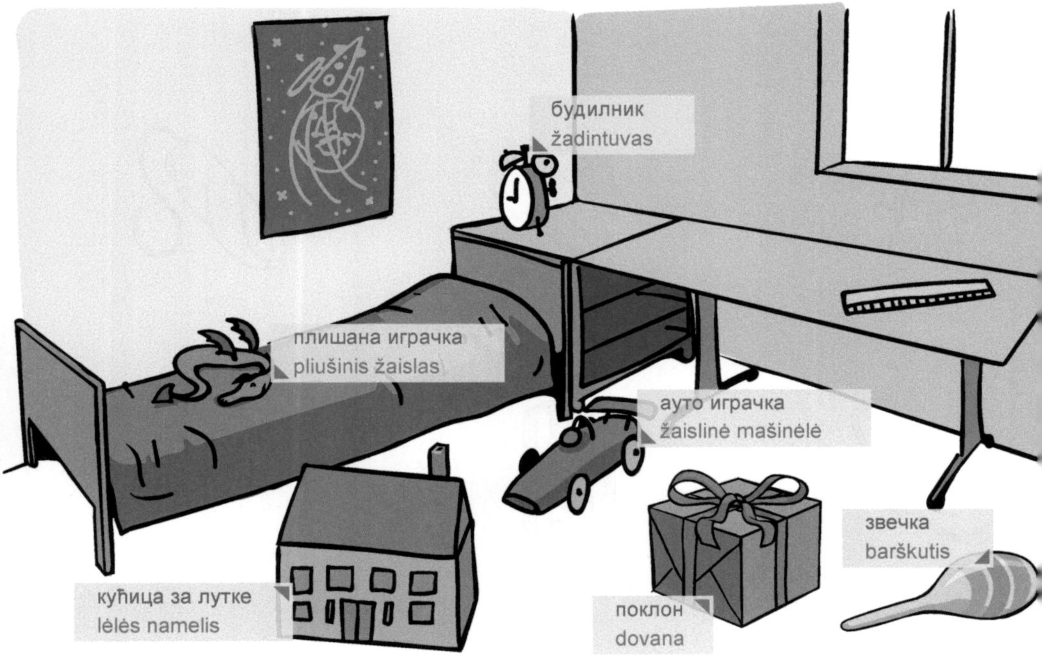
будилник
žadintuvas
плишана играчка
pliušinis žaislas
ауто играчка
žaislinė mašinėlė
звечка
barškutis
кућица за лутке
lėlės namelis
поклон
dovana

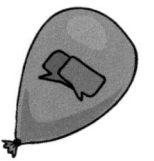

балон

balionas

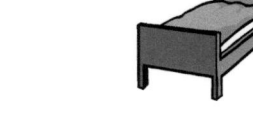

кревет

lova

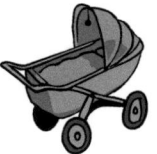

дјечија колица

vaikiškas vežimėlis

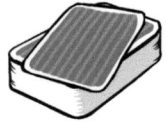

игра са картама

kortų malka

слагалица

delionė

SUPER MEGA

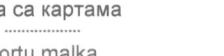

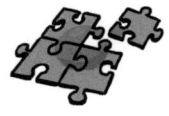

стрип

komiksai

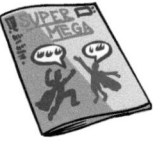

лего коцкице

lego kaladėlės

коцкице за слагање

žaislinės kaladėlės

акциони јунак

figūrėlė

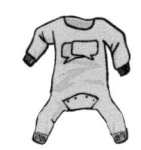

бенкица за бебе

šliaužtinukai

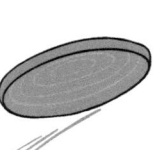

фризби

mėtymo lėkštė

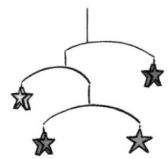

висеће играчке

karuselė

друштвене игре

stalo žaidimas

коцка

kauliukai

минијатурна жељезница

žaislinis traukinys

дуда

žindukas

забава

vakarėlis

сликовница

paveiksliukų knygelė

лопта

kamuolys

лутка

lėlė

играти

žaisti

пешчаник

smėlio dėžė

љуљачка

sūpynės

играчка

žaislai

конзола за игре

žaidimų konsolė

трицикл

triratukas

теди

meškiukas

ормар

drabužių spinta

одећа

drabužis

кратке чарапе

kojinės

чарапе

kojinės virš kelių

хулахопке

pėdkelnės

шал
šalikas

кишобран
skėtis

каиш
diržas

мајица
marškinėliai

чизме
ilgaauliai batai

папуче
šlepetės

патике
sportbačiai

сандале
sandalai

ципеле
batai

гумене чизме
guminiai batai

гаћице
trumpikės

грудњак
liemenėlė

поткошуља
liemenė

боди

glaustinukė

панталоне

kelnės

фармерке

džinsai

сукња

sijonas

блуза

palaidinė

кошуља

marškiniai

џемпер

megztinis

џемпер с капуљачом

megztinis su gobtuvu

сако

švarkelis

јакна

švarkas

мантил

paltas

кабаница

lietpaltis

костим

kostiumas

хаљина

suknelė

венчаница

vestuvinė suknelė

одело

kostiumas

спаваћица

naktiniai marškiniai

пиџама

pižama

сари

saris

марама за главу

skarelė

турбан

tiurbanas

бурка

burka

кафтан

kaftanas

абаја

abaja

купаћи костим

maudymosi kostiumėlis

купаће гаћице

glaudės

кратке панталоне

šortai

одећа за тренинг

sportinis kostiumas

кецеља

prijuostė

рукавице

pirštinės

дугме

saga

наочаре

akiniai

наруквица

apyrankė

огрлица

vėrinys

прстен

žiedas

наушница

auskaras

капа

kepurė

вешалица

pakabas

шешир

skrybėlė

кравата

kaklaraištis

патент затварач

užtrauktukas

кацига

šalmas

нараменице

breketai

школска униформа

mokyklinė uniforma

униформа

uniforma

одећа - drabužis

подбрадак

seilinukas

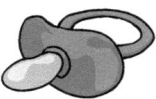

дуда

žindukas

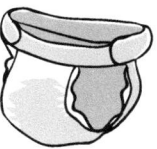

пелена

vystyklai

канцеларија
biuras

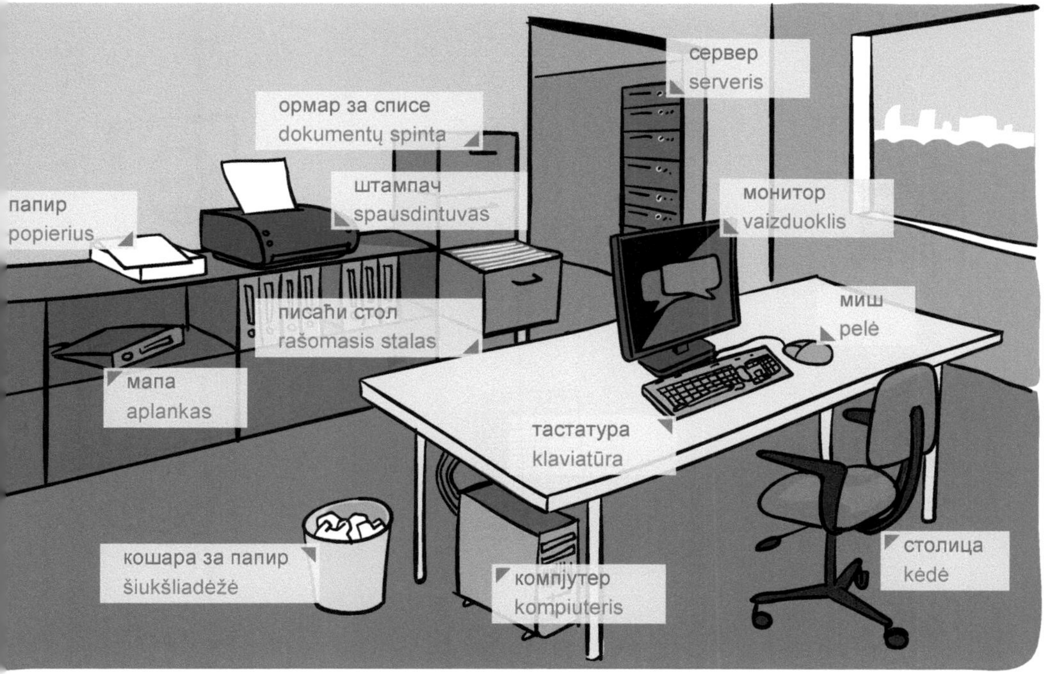

сервер
serveris

ормар за списе
dokumentų spinta

штампач
spausdintuvas

монитор
vaizduoklis

папир
popierius

писаћи сто
rašomasis stalas

миш
pelė

мапа
aplankas

тастатура
klaviatūra

кошара за папир
šiukšliadėžė

компјутер
kompiuteris

столица
kėdė

шалица за каву

kavos puodelis

калкулатор

kalkuliatorius

интернет

internetas

лаптоп

nešiojamasis kompiuteris

писмо

laiškas

порука

žinutė

мобилни телефон

mobilusis telefonas

мрежа

tinklas

уређај за копирање

fotokopijavimo aparatas

софтвер

programinė įranga

телефон

telefonas

утичница

kištukinis lizdas

факс

faksas

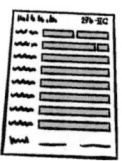

формулар

forma

документ

dokumentas

куповати

pirkti

платити

mokėti

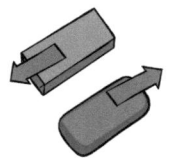

трговати

prekiauti

новац

pinigai

долар

doleris

евро

euras

јен

jena

рубља

rublis

швајцарски франак

Šveicarijos frankas

ренминдби јуан

juanis

рупија

rupija

аутомат за новац

bankomatas

мењачница

valiutos keitykla

злато

auksas

сребро

sidabras

нафта

nafta

енергија

energija

цена

kaina

уговор

sutartis

порез

mokestis

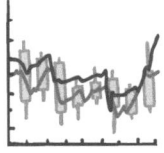

деонице

akcijos

радити

dirbti

службеник

darbuotojas

послодавац

darbdavys

фабрика

gamykla

продавница

parduotuvė

занимања

profesijos

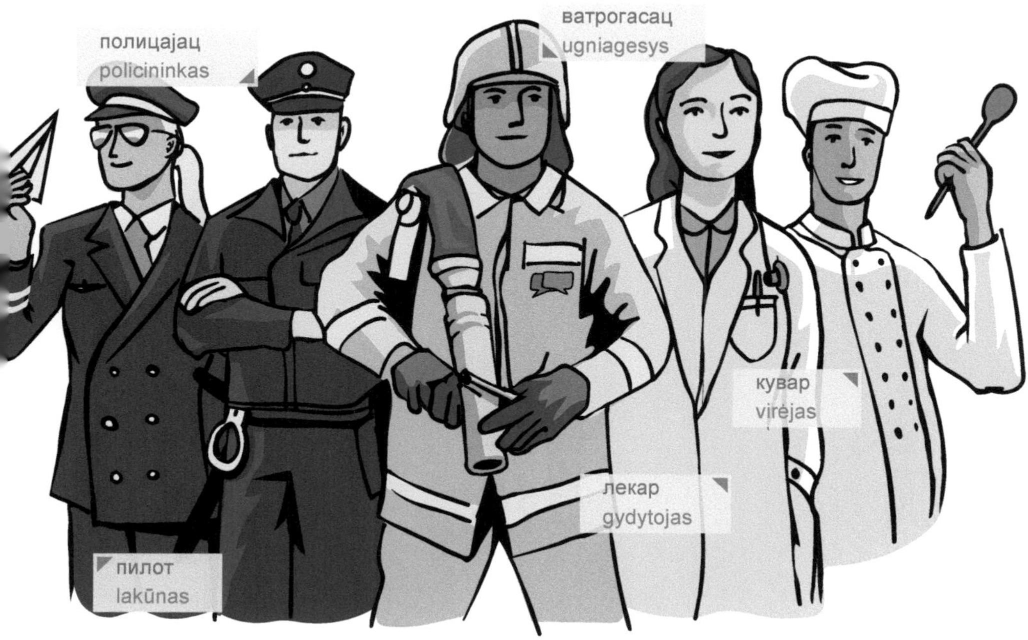
полицајац
policininkas
ватрогасац
ugniagesys
кувар
virėjas
лекар
gydytojas
пилот
lakūnas

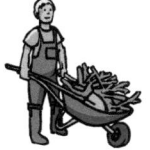

вртлар

sodininkas

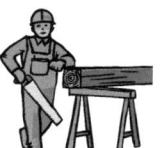

столар

stalius

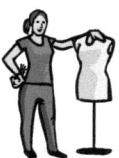

кројачица

siuvėja

судија

teisėjas

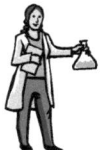

хемичар

chemikas

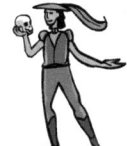

глумац

aktorius

возач аутобуса

autobuso vairuotojas

возач таксија

taksi vairuotojas

рибар

žvejys

чистачица

valytoja

кровопокривач

stogdengys

конобар

padavėjas

ловац

medžiotojas

сликар

dailininkas

пекар

kepėjas

електричар

elektrikas

грађевински радник

statybininkas

инжењер

inžinierius

месар

mėsininkas

лимар

santechnikas

поштар

paštininkas

војник

kareivis

архитекта

architektas

благајник

kasininkas

цвећар

gėlininkas

фризер

kirpėjas

кондуктер

konduktorius

механичар

mechanikas

капетан

kapitonas

зубар

odontologas

научник

mokslininkas

раби

rabinas

имам

imamas

монах

vienuolis

свећеник

kunigas

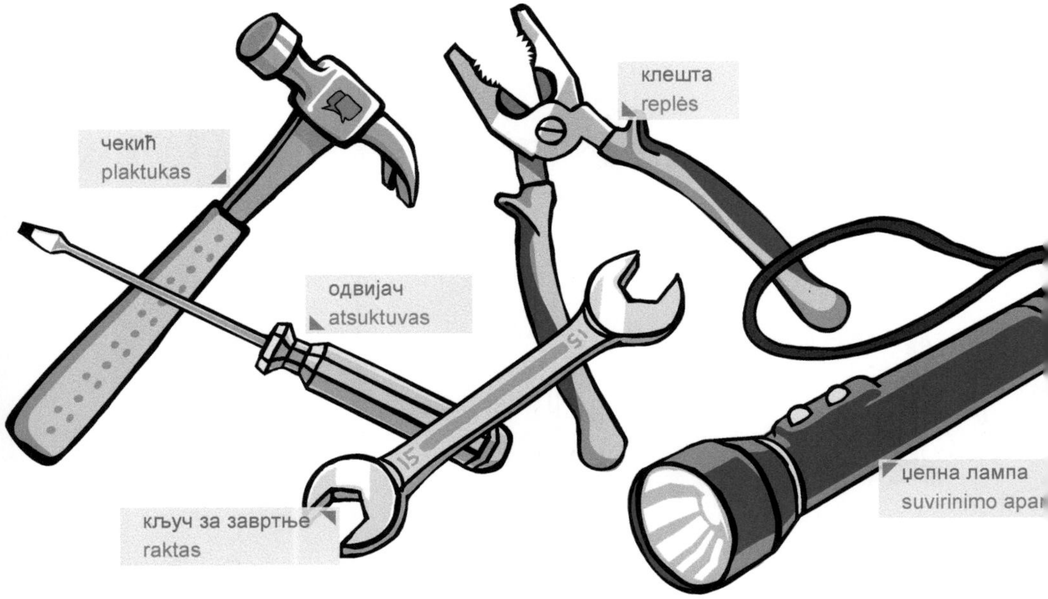

чекић
plaktukas

клешта
replės

одвијач
atsuktuvas

кључ за завртње
raktas

цепна лампа
suvirinimo apar

багер

ekskavatorius

кутија за алат

įrankių dėžė

мердевине

kopėčios

пила

pjūklas

ексер

vinys

бушилица

grąžtas

поправити

taisyti

лопата

kastuvas

до ђавола!

Velniava!

лопатица

semtuvėlis

лонац за боју

dažų skardinė

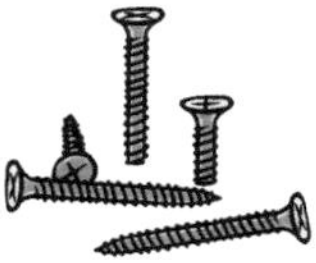

завртањи

varžtai

музички инструмент

muzikos instrumentai

звучник
garsiakalbis

бубњеви
būgnų rinkinys

гитара
gitara

контрабас
kontrabosas

труба
trimitas

клавир

pianinas

виолина

smuikas

бас

bosinė gitara

тимпани

timpanas

удараљке за бубњеве

būgnai

типке клавира

sintezatorius

саксофон

saksofonas

флаута

fleita

микрофон

mikrofonas

зоолошки врт

zoologijos sodas

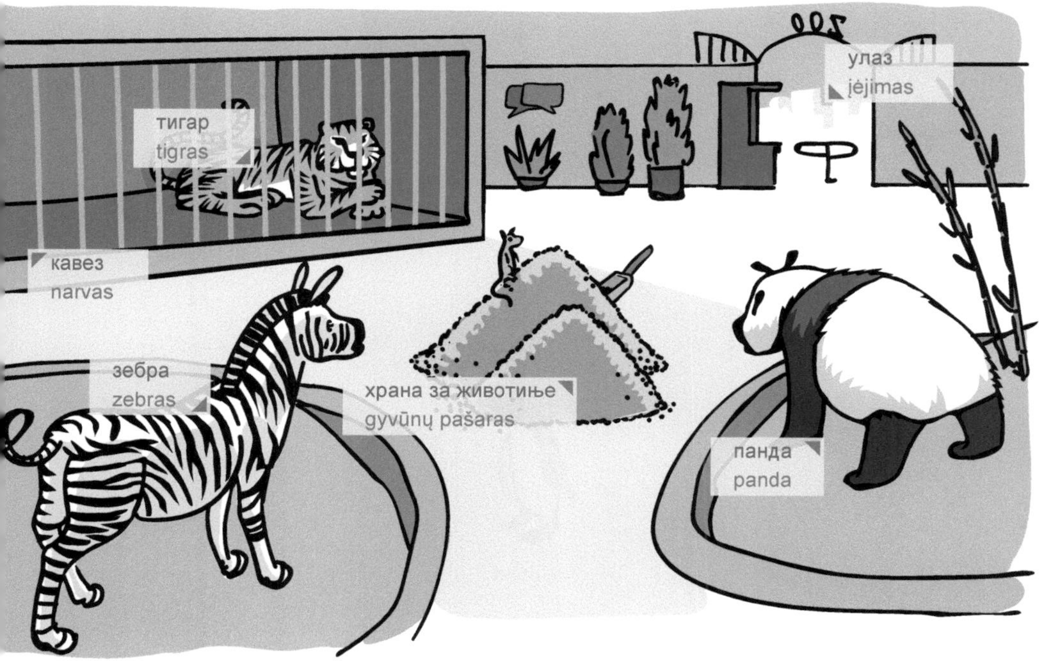
улаз
įėjimas
тигар
tigras
кавез
narvas
зебра
zebras
храна за животиње
gyvūnų pašaras
панда
panda

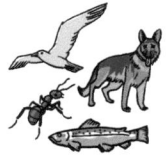

животиње

gyvūnai

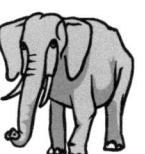

слон

dramblys

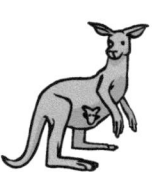

кенгур

kengūra

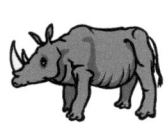

носорог

raganosis

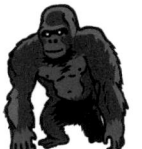

горила

gorila

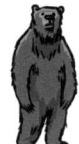

медвед

meška

камила

kupranugaris

ној

strutis

лав

liūtas

мајмун

beždžionė

фламинго

flamingas

папагај

papūga

поларни медвед

baltoji meška

пингвин

pingvinas

ајкула

ryklys

паун

povas

змија

gyvatė

крокодил

krokodilas

чувар у зоолошком врту

zoologijos sodo prižiūrėtojas

туљан

ruonis

јагуар

jaguaras

пони

ponis

леопард

leopardas

нилски коњ

begemotas

жирафа

žirafa

орао

erelis

дивља свиња

šernas

риба

žuvis

корњача

vėžlys

морж

vėplys

лисица

lapė

газела

gazelė

амерички ногомет
amerikietiškas futbolas

бициклизам
dviračių sportas

тенис
tenisas

кошарка
krepšinis

пливање
plaukimas

бокс
boksas

хокеј на леду
ledo ritulys

фудбал
futbolas

бадминтон
badmintonas

атлетика
atletika

рукомет
rankinis

скијање
slidinėjimas

поло
polas

скочити
šokinėti

смејати се
juoktis

загрлити
apkabinti

ићи
vaikščioti

певати
dainuoti

сањати
svajoti

молити се
melstis

пољубити
bučiuoti

писати	цртати	показати
rašyti	piešti	rodyti

гурати	дати	узети
stumti	duoti	imti

имати

turėti

чинити

daryti

бити

būti

стојати

stovėti

трчати

bėgti

повлачити

traukti

бацити

mesti

падати

kristi

лежати

meluoti

чекати

laukti

носити

nešti

седити

sėdėti

облачити

rengtis

спавати

miegoti

пробудити се

pabusti

гледати

žiūrėti

плакати

verkti

миловати

glostyti

чешљати

šukuoti

говорити

kalbėti

разумети

suprasti

питати

paklausti

слушати

klausytis

пити

gerti

јести

valgyti

поспремити

tvarkytis

волети

mylėti

кухати

gaminti

возити

vairuoti

летети

skristi

пловити

buriuoti

рачунати

skaičiuoti

читати

skaityti

учити

mokytis

радити

dirbti

венчати се

vesti

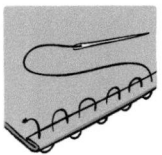

шити

siūti

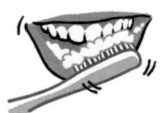

прати зубе

valytis dantis

убити

žudyti

пушити

rūkyti

послати

siųsti

породица
šeima

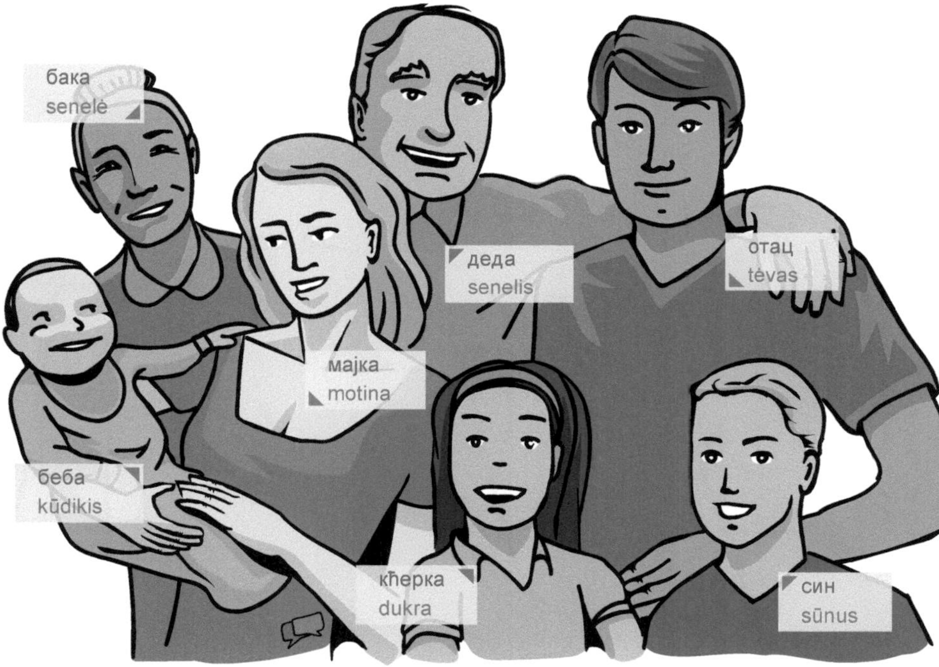

бака
senelė
деда
senelis
отац
tėvas
мајка
motina
беба
kūdikis
кћерка
dukra
син
sūnus

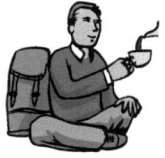

гост

svečias

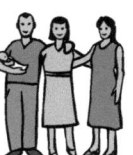

тетка

teta

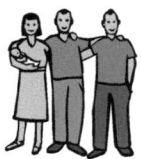

ујак, стриц

dėdė

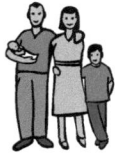

брат

brolis

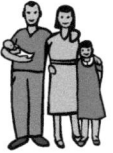

сестра

sesuo

тело

kūnas

чело
kakta
око
akis
раме
petys
прст
pirštas
лице
veidas
брада
smakras
рука
plaštaka
нога
koja
груди
krūtinė
рука
ranka

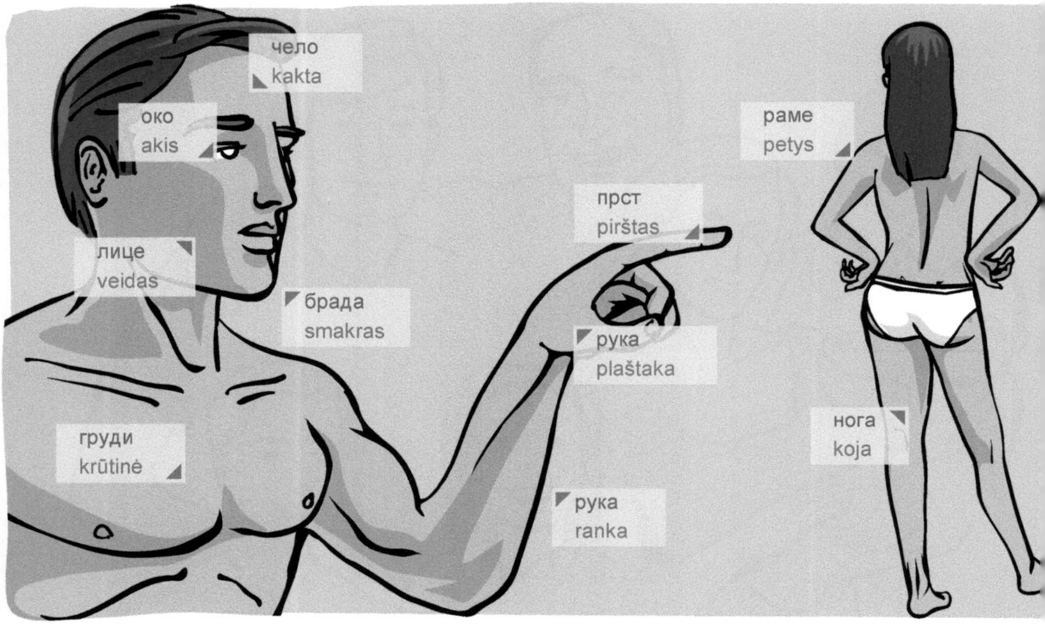

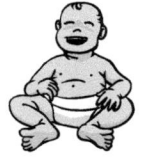

беба
kūdikis

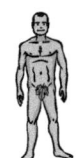

мушкарац
vyras

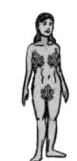

жена
moteris

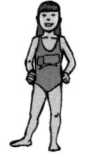

девојчица
mergaitė

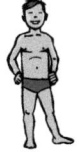

дечак
berniukas

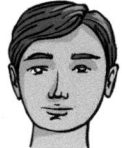

глава
galva

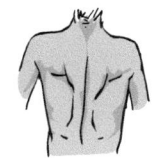

леђа

nugara

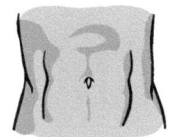

стомак

pilvas

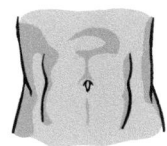

пупак

bamba

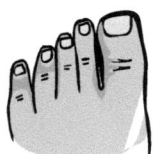

ножни прст

kojos pirštas

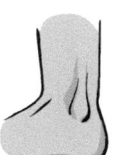

пета

kulnas

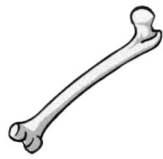

кост

kaulas

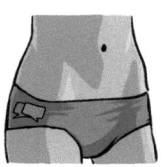

кукови

klubas

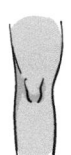

колено

kelis

лакат

alkūnė

нос

nosis

задњица

sėdmenys

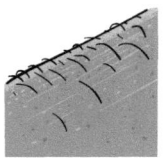

кожа

oda

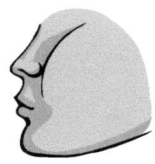

образ

skruostas

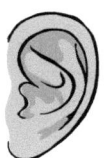

уво

ausis

усна

lūpa

уста

burna

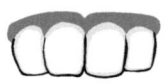

зуб

dantis

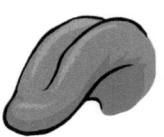

језик

liežuvis

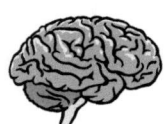

мозак

smegenys

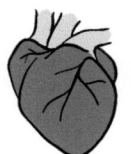

срце

širdis

мишић

raumuo

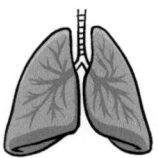

плућа

plaučiai

јетра

kepenys

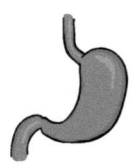

желудац

skrandis

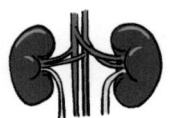

бубрези

inkstai

полни однос

seksas

кондом

prezervatyvas

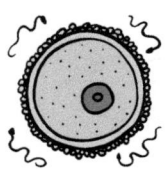

јајна ћелија

kiaušialąstė

сперма

sperma

трудноћа

nėštumas

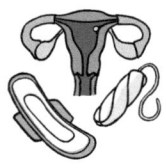

менструација

menstruacijos

вагина

makštis

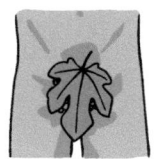

пенис

varpa

обрва

antakis

коса

plaukai

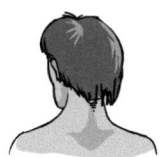

врат

kaklas

болница
ligoninė

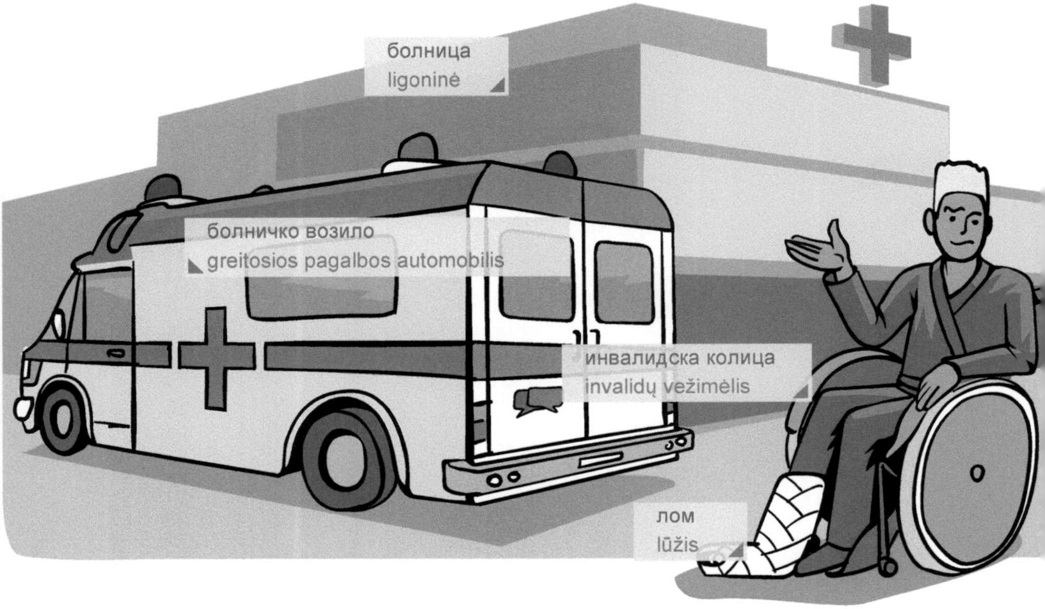

болница
ligoninė
болничко возило
greitosios pagalbos automobilis
инвалидска колица
invalidų vežimėlis
лом
lūžis

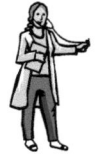

лекар

gydytojas

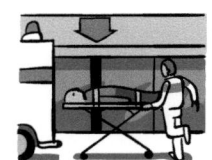

хитна медицинска служба

skubios pagalbos skyrius

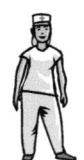

медицинска сестра

slaugytoja

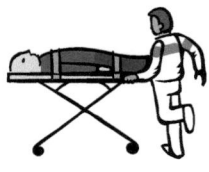

хитни случај

nelaimingas atsitikimas

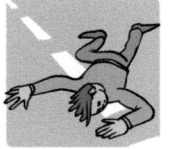

несвест

be sąmonės

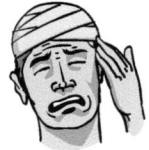

бол

skausmas

повреда

sužalojimas

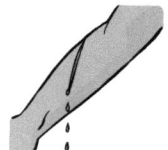

крварење

kraujavimas

срчани удар

širdies smūgis

удар

insultas

алергија

alergija

кашаљ

kosulys

грозница

karščiavimas

грипа

gripas

пролив

viduriavimas

главобоља

galvos skausmas

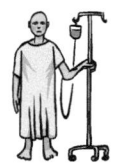

рак

vėžys

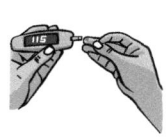

дијабетес

diabetas

хирург

chirurgas

скалпел

skalpelis

операција

operacija

цт

КТ

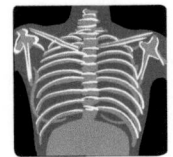

рентген

rentgenas

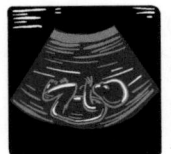

ултразвук

ultragarsas

маска

veido kaukė

болест

liga

чекаона

laukiamasis

штака

ramentas

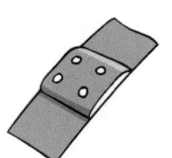

фластер

gipsas

завој

tvarstis

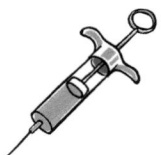

ињекција

injekcija

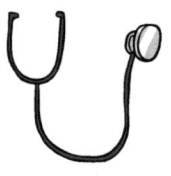

стетоскоп

stetoskopas

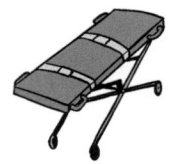

носила

neštuvai

термометар

termometras

рођење

gimimas

прекомерна тежина

antsvoris

слушни апарат

klausos aparatas

средство за дезинфекцију

dezinfekavimo priemonė

инфекција

infekcija

вирус

virusas

хив / аидс

ŽIV / AIDS

медицина

vaistas

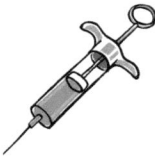

вакцинација

skiepijimas

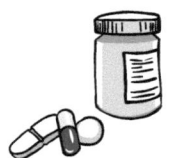

таблете

tabletės

пилула

piliulė

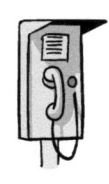

хитни позив

kubios pagalbos numeris

уређај за мерење притиска

kraujospūdžio matuoklis

болесно / здраво

ligotas / sveikas

помоћ!

Padėkite!

аларм

pavojaus signalas

насртај

užpuolimas

напад

ataka

опасност

pavojus

излаз у случају нужде

avarinis išėjimas

пожар!

Gaisras!

противпожарни апарат

gesintuvas

незгоца

nelaimingas atsitikimas

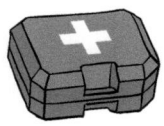

кутија прве помоћи

pirmosios pagalbos rinkinys

сос

SOS

полиција

policija

Европа

Europa

Северна Америка

Šiaurės Amerika

Јужна Америка

Pietų Amerika

Африка

Afrika

Азија

Azija

Аустралија

Australija

Атлантик

Atlanto vandenynas

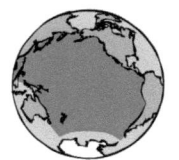

Пацифик

Ramusis vandenynas

Индијски океан

Indijos vandenynas

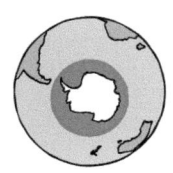

Антарктички океан

Pietų vandenynas

Арктички океан

Arkties vandenynas

Северни рол

Šiaurės ašigalis

Јужни рол

Pietų ašigalis

Антарктик

Antarktida

земља

Žemė

земља

sausuma

море

jūra

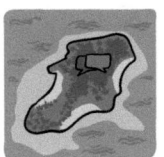

оток

sala

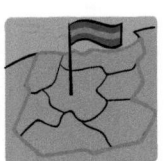

нација

tauta

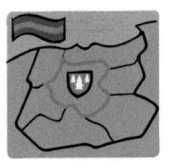

држава

valstybė

бројчаник сата

ciferblatas

сатна казаљка

valandinė rodyklė

минутна казаљка

minutinė rodyklė

секундна казаљка

sekundinė rodyklė

Колико је сати?

Kiek valandų?

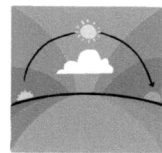

дан

diena

време

laikas

сада

dabar

дигитални сат

skaitmeninis laikrodis

минута

minutė

час

valanda

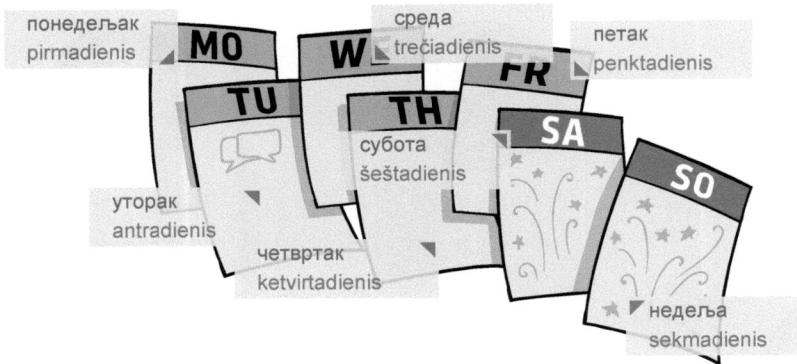

понедељак
pirmadienis

среда
trečiadienis

петак
penktadienis

уторак
antradienis

четвртак
ketvirtadienis

субота
šeštadienis

недеља
sekmadienis

јуче
....
vakar

данас
....
šiandien

сутра
....
rytoj

јутро
....
rytas

подне
....
vidurdienis

вече
....
vakaras

MO	TU	WE	TH	FR	SA	SU
1	2	3	4	5	6	7
8	9	10	11	12	13	14
15	16	17	18	19	20	21
22	23	24	25	26	27	28
29	30	31	1	2	3	4

радни дани
....
darbo dienos

MO	TU	WE	TH	FR	SA	SU
1	2	3	4	5	6	7
8	9	10	11	12	13	14
15	16	17	18	19	20	21
22	23	24	25	26	27	28
29	30	31	1	2	3	4

викенд
....
savaitgalis

киша
lietus

дуга
vaivorykštė

снег
sniegas

ветар
vėjas

пролеће
pavasaris

јесен
ruduo

лето
vasara

зима
žiema

4.APRIL	11°	☀
5.APRIL	4°	☁
6.APRIL	13°	☂
7.APRIL	8°	❄
8.APRIL	10°	☀

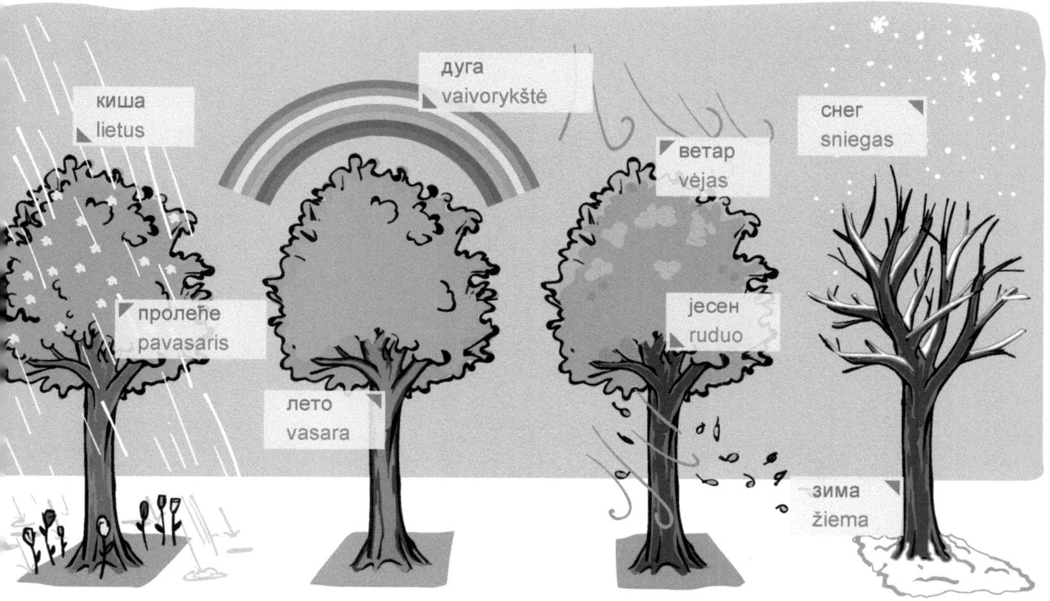

метеоролошка прогноза

oru̱ prognozė

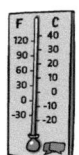

термометар

lauko termometras

сунчана светлост

saulės šviesa

облак

debesis

магла

rūkas

влажност ваздуха

drėgmė

муња
....
žaibas

грмљавина
....
griaustinis

олуја
....
audra

туча
....
kruša

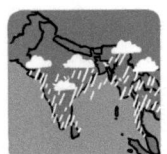

монсун
....
musonas

поплава
....
potvynis

лед
....
ledas

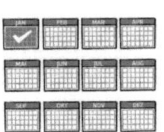

јануар
....
sausis

фебруар
....
vasaris

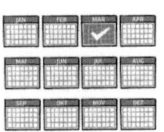

март
....
kovas

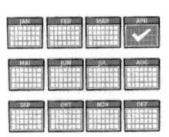

април
....
balandis

мај
....
gegužė

јуни
....
birželis

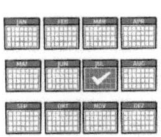

јули
....
liepa

август
....
rugpjūtis

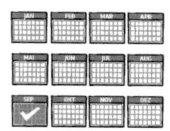

септембар
....
rugsėjis

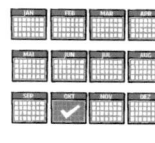

октобар
....
spalis

новембар
....
lapkritis

децембар
....
gruodis

облици
formos

круг
....
apskritimas

квадрат
....
kvadratas

правоугао
....
stačiakampis

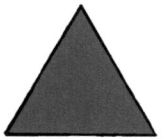

троугао
....
trikampis

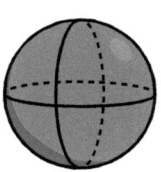

кугла
....
sfera

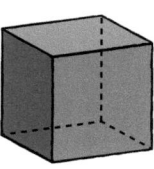

коцка
....
kubas

облици - formos

83

бела
balta

жута
geltona

наранџаста
oranžinė

ружичаста
rožinė

црвена
raudona

љубичаста
violetinė

плава
mėlyna

зелена
žalia

смеђа
ruda

сива
pilka

црна
juoda

много / мало

daug / mažai

љутито / мирно

piktas / ramus

лепо / ружно

gražus / bjaurus

почетак / крај

pradžia / pabaiga

велико / малено

didelis / mažas

светло / тамно

šviesus / tamsus

брат / сестра

brolis / sesuo

чисто / прљаво

švarus / purvinas

потпуно / непотпуно

užbaigtas / neužbaigtas

дан / ноћ

diena / naktis

мртво / живо

miręs / gyvas

широко / уско

platus / siauras

јестиво / нејестиво

valgomas / nevalgomas

зло / добро

piktas / malonus

узбуђено / досадно

linksmas / nuobodus

дебело / мршаво

storas / plonas

на почетку / на крају

pirmiausia / paskiausia

пријатељ / непријатељ

draugas / priešas

пуно / празно

pilnas / tuščias

тврдо / мекано

kietas / minkštas

тешко / лагано

sunkus / lengvas

глад / жеђ

alkis / troškulys

болесно / здраво

ligotas / sveikas

илегално / легално

nelegalus / legalus

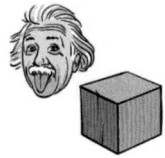

паметно / глупо

protingas / kvailas

лево / десно

kairė / dešinė

близу / далеко

arti / toli

супротности - priešingos reikšmės žodžiai

ново / половно

naujas / naudotas

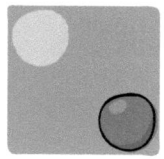

ништа / нешто

niekas / kažkas

старо / младо

senas / jaunas

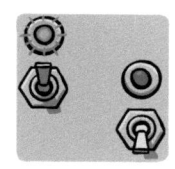

укључено / искључено

įjungta / išjungta

отворено / затворено

atidaryta / uždaryta

тихо / гласно

tylus / garsus

богато / сиромашно

turtingas / vargšas

тачно / погрешно

teisus / neteisus

храпаво / глатко

šiurkštus / švelnus

тужно / сретно

liūdnas / laimingas

кратко / дуго

trumpas / ilgas

полако / брзо

lėtas / greitas

мокро / сухо

drėgnas / sausas

топло / хладно

šiltas / šaltas

рат / мир

karas / taika

0

нула

nulis

1

један

vienas

2

два

du

3

три

trys

4

четири

keturi

5

пет

penki

6

шест

šeši

7

седам

septyni

8

осам

aštuoni

9

девет

devyni

10

десет

dešimt

11

једанаест

vienuolika

12
дванаест
dvylika

13
тринаест
trylika

14
четрнаест
keturiolika

15
петнаест
penkiolika

16
шестнаест
šešiolika

17
седамнаест
septyniolika

18
осамнаест
aštuoniolika

19
деветнаест
devyniolika

20
двадесет
dvidešimt

100
стотину
šimtas

1.000
хиљаду
tūkstantis

1.000.000
милион
milijonas

енглески

anglų

амерички енглески

amerikiečių anglų

мандарински кинески

kinų (mandarinų)

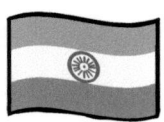

хиндски

hindi

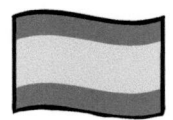

шпански

ispanų

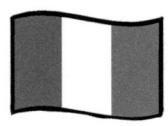

француски

prancūzų

арапски

arabų

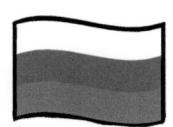

руски

rusų

португалски

portugalų

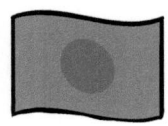

бенгалски

bengalų

немачки

vokiečių

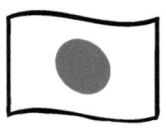

јапански

japonų

ja

aš

ти

tu

он / она / оно

jis / ji

ми

mes

ви

jūs

они

jie

Ко?

kas?

Шта?

ką?

Како?

kaip?

Где?

kur?

Када?

kada?

име

vardas

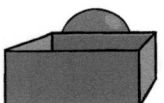

иза

уž

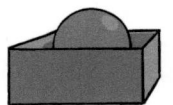

у

kur (vieta)

испред

priešais

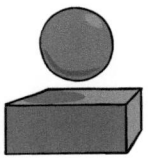

преко

virš

на

ant

испод

po

поред

prie

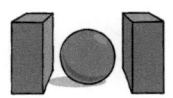

између

tarp

место

vieta